물푸레나무 혹은 너도밤나무

열린시학기획시선 8

# 물푸레나무 혹은 너도밤나무

이향아 시집

고요아침

■ 시인의 말


 겨우내 죽은 듯이 엎드려 견디다가 봄이 되면 소식처럼 눈을 뜨는 나무.
 여름내 절정의 목숨을 나부끼다가, 제 속의 색깔을 조금씩 풀어 겸허하게 발 아래 하강하는 나무. 고집과 절개를 휘두르지 않고 돌출하여 청청함을 자랑하지 않는 나무.
 낙엽수들을 보고 있으면 마음이 편안하다.
 순응은 굴복이 아니다, 물론 아첨도 아니다.
 자연의 질서를 알고 있으며 천분을 알고 있다는 몸짓일 뿐.

 이렇게 하여 시집의 숫자만 부질없이 늘어나게 되나보다. 이루지 못한 꿈의 숫자가 늘어나는 셈이다.
 만일 내 화살이 일찍이 과녁을 명중했더라면 이토록 많은 어휘를 낭비하지 않아도 되었을 것이라는 생각이 든다.
 그러나 설령 명중했더라도 나는 계속 활을 당길 수밖에 다른 방법이 없을 것이라는 생각도 한다.

2009년 가을
硯池堂에서 李鄕莪

■ 차례

5 l 시인의 말

## 제1부 오래된 눈물

13 l 그 어느 날 이후
14 l 쓸 수 없는 말
16 l 냉수를 마시며
18 l 익숙한 밤
20 l 물푸레나무 혹은 너도밤나무
22 l 시인의 집에서
24 l 처음 손을 잡은 곳
26 l 외간남자
28 l 돌아다보지 마
30 l 눈을 흘겼다
31 l 메뉴판
33 l 용서하십시오
35 l 오리를 키운다
37 l 에스컬레이터를 탈 때면
39 l 오래된 눈물

## 제2부 나뭇잎은 혀를 깨물고

수액을 마시는 사람들 | 43

맹물 | 45

깊은 후회 | 47

당신 덕분에 | 48

나무 한 그루 | 50

나뭇잎은 혀를 깨물고 | 52

게양대 | 53

식탁을 닦으며 | 54

어머니 어떻게 할까요 | 56

누구시더라 | 57

서천 휴게소 | 59

고향에서 쫓겨난 지 오래 되었다 | 61

그립구나, 진부한 것들 | 63

내 아들이 건너는 세상 | 65

천천히 피를 다스려 | 67

## 제3부 흔들리며 간다

71 | 물구나무서서
73 | 걸러내는 중
75 | 그러나 왔는가
77 | 여름 개나리 가지
78 | 상수리나무 떡갈나무 쥐똥나무들
80 | 강이 보여요
82 | 내가 남을 울듯이
84 | 차례로 문을 잠그고
86 | 반상회
88 | 흔들리며 간다
90 | 내가 오늘 이상하다
92 | 어려운 희망
94 | 서울 사람
96 | 장황한 주소
98 | 심학규씨에게
101 | 다시 태어나지 않으리

## 제4부 장미와 들꽃

여기서 그만 눈을 감기로 | 105
옛날의 훗날 | 106
시래깃국을 끓이며 | 108
화려한 구걸 | 109
다들 떠나고 없다 | 111
신발을 벗으며 | 112
그래도 한 평생 은혜로웠다 | 113
너 지금 어디로 가고 있는가 | 115
빙닝스 지나 | 117
샤허에서 | 118
화려한 노숙 | 119
머물 수 없는 사람들 | 121
느끼는 병 | 122
다시 무인도에서 | 123
화려한 노숙 | 124
장미와 들꽃 | 126
날씨 예감 | 128

■해설/성찰적 생의 자세와 순응하는 겸손 | 130

제1부
오래된 눈물

# 그 어느 날 이후

물과 흙이 갈라서 따로 떠난 그날 이후
세상의 목숨마다 이름이 붙어
창세라 시작이라 진저리치던 그날 이후
육십년 형기를 마치면 돌아오겠다면서
산 같은 뒷모습의 그가 떠난 그날 이후
손가락 잘라서 혈서를 쓰고
나 하나 섬처럼 오롯이 떠 있을 때
고개를 끄덕일까, 도리질할까
몽롱한 꿈속의 아우성 같은
숱한 날짜들을 하나씩 지우면서
깊은 강을 건너 다시 올 수 없는 일들
물먹은 흙벽처럼 무너지던 그 어느 날 이후

# 쓸 수 없는 말

내가 망설이며 더듬거리는 것은 말을 향한 경건함 때문이다
아직도 후회하는 것은 할 말을 못했기 때문이다
이미 유효기간이 지난 말들만 갈수록 늘어간다

나는 어느새 장래니 포부니 희망이라는 말을 할 때
사람들의 눈치를 보게 되었다
누가 뭐라 할까봐 흐지부지 말끝을 흐리게 되었다
한 때는 장래에 목숨을 걸었고, 한 때는 기세 좋게 꿈을 뿌렸다

나는 이제 '몸이 가루가 되어도'라는 말을 할 수가 없다
삭신이 어긋나게 수십 년 부리던 몸,
나는 어느새 '몸을 팔아서라도'라는 말을 할 수가 없다
어물전 채소전 좌판들은 동이 나고
팔고자 내놓을 물건도 변변찮다

갈수록 써서는 안 될 말들이 늘어나고
갈수록 쓸 수 있는 말들은 잊어버린다

망설임도 후회도 울적한 아름다움
내가 이렇게 방종할 수 있음은 고마운 일이다

# 냉수를 마시며

아침 눈을 뜨자마자 냉수 한 컵을 마신다
심산유곡 산삼 뿌리를 적시고 기암절벽도 뛰어내려
냉장고 안에서 금강석처럼 반짝이는 물
생수 한 컵을 들이켰다
길고 긴 그의 이력이 내 몸의 보약으로 스미는 동안
밤새도록 참았던 오줌을 누웠다
오장육부 굽이굽이 살비듬으로 잠재우던
어제까지 생수였던, 배설의 폐수
몰아내었다
오줌은 하수의 바닥 시궁창을 지나 혼돈을 뚫으며
한때는 위풍당당한 생수였음을 까맣게 잊을 것이다
잘 가거라, 빛나던 날의 짧은 영광
잘 있거나, 못다 푼 사랑의 길고 긴 그림자
아침마다 눈을 뜨면 냉수 한 컵을 마신다
목 줄기를 훑어내리는 이슬과 구름 폭포와 강물
물길 따라 나도 산천을 순례한다

넘치는 구정물과 허접 쓰레기 쫓겨나는 것들의 뒤를 따라서
한 오백 년 엎드려 기다릴거나
그러다가 무지개로 떠오를거나
아침마다 은혜의 이슬을 마시며
무엇이 되어 돌아올까 허튼 꿈에 잠긴다

# 익숙한 밤

밤이 친근한 이웃처럼 왔습니다
그는 이미 손님이 아닙니다
잘 익은 포도의 취기를 몰고서
날더러 두렵지 않게 잠기기를 권하는
잠겨서 잊을 것은 잊고 버릴 것은 버리라고
집요하고 거대한 밤
나는 이미 몽매한 순종을 결심했습니다
이불을 턱밑까지 끌어당기면서 진저리를 치면서
얼마나 다행인가
온 하루, 휘청대던 시간을 감추고 뻗은 발아래 출렁대는
푸른 바다 같은 슬픔을 덮어버리기로 했습니다
날마다 결산을 하듯이 밤이 와서
질컥이는 이랑 속으로 나를 휩쓸고 덧없는 열정과 후회
승산 없는 욕망을 내리게 하는 것은 다행입니다

날이 새면 나는 오리발을 내밀 듯이 일어날 것입니다
망각의 물살이 휩쓸고 지나간 폐허에서
소생한 낯빛으로 일어날 것입니다
행여 오늘을 되돌려 캐물으면
아득한 전생처럼 추억하게 될는지도 모르지요
밤이 나를 더는 후퇴할 수 없는 천 길 바닥으로 끌어내립니다
아주 익숙하고 편안한 타락입니다
하지만 나는 여전히 내일 아침 솟는 해를 조바심하면서
의심하면서 간절한 마음으로 눈을 감습니다

# 물푸레나무 혹은 너도밤나무

여러 가지가 함께 좋을 때
그러나 꼭 하나만 골라야 한다고 할 때
나는 '물푸레나무 혹은 너도밤나무'라고 한다
꼭 하나만 골라야 하므로 무수한 것을 외면해야 할 때
두 길을 동시에 갈 수 없으므로 어중간한 자리에서 길을 잃을 때
나는 '물푸레나무 혹은 너도밤나무'라고 한다
하나의 길을 걸어서 인생을 시작하는 일
한 사람과 눈을 맞춰 살아가는 일
그리하여 세상이 허망하게 달라지는 일
눈 감고 벼랑에 서는 일 두려워 나는
'물푸레나무 혹은 너도밤나무'라고 한다
여럿 가운데 하나만 남겨두고 모두 죽여야 하는 때
물푸레나무 혹은 너도밤나무 길고 낯선 이름
더듬거리는 나를 웃으려는가

잘라낼 수 없는
몰아낼 수 없는
돌아서 등질 수 없는 아픔을
지조 없다 하려는가

물푸레나무 혹은 너도밤나무
나 끝끝내 너 하나를 버리지 않아
이제는 안심하고 잠들 수 있겠다

## 시인의 집에서


광주에서 하룻밤 묵었다
염주동 우미아파트 백추자 시인
시인의 집에서 하룻밤 잤다

시를 쓰는 영혼, 그 영혼의 궁극
어둠이 깊어질수록 꽃빛깔이 타오르는
어느 고원의 도성 은밀한 밤처럼
낮은 목소리로 후회하고 다시 도모하면서
아프게 그리운 것 있어서 잠결에 자주 깨었다
은하에 발목 담그고 갈증에 사무치던 시절
우리 생애엔 이룰 수 없을 듯 저 하늘의 시인
시인만 오로지 별이었던 우리들
생각하는 가난은 아름다웠다
사는 일로부터 너무도 멀리 벗어나온
어리석은 나날을
시인이니까, 그래도 시인이니까
고개 들어 견딘다고 시인은 말했다

두 발을 흙에 묻은 아마릴리스
금당산을 바라보는 베란다의 화분
지경을 좁힌 다년생 구근처럼
우리 이대로 살면 시가 될 수 있을까요
우리 이대로 죽으면 시가 남을 수 있을까요
시인의 집에서 심란한 헛소리를 하면서
우리 생애의 소중한 하룻밤을 지냈다

# 처음 손을 잡은 곳



'순천만 대대포 갈대밭에서 우리는 처음으로 손을 잡았어'
  그녀의 음성은 해수에 젖어 간간했다
  날 궂어 심난하고 등허리가 싸한 날,
  어설픈 고백을 하고 싶은 가을마다
  나도 거기 한 번 가고 싶더니
  오늘에야 왔다, 오길 잘 했다
  그가 손을 내밀기 전 먼저 내밀어
  하늘이 무너질 무서운 맹세를
  그렇다, 여기서는 할만도 하다
  구름 끝에 매달린 허연 갈꽃을
  서쪽으로 지는 해가 돌아다볼 때,
  처음 손을 잡은 듯 처음 잡힌 듯
  새들은 떼 지어 줄을 맞춰서
  팡파르에 흘러가는 군무를 추고
  이제는 갈꽃처럼 허연 머리카락

혹은 검은머리물새떼, 민물도요새, 아니면 황로
더듬더듬 철새들 이름을 부르면서
지는 해를 끌어안고 걸어가야 해
둔덕 위 비틀어진 코스모스가
치맛자락 당기면서 버스럭거렸다

# 외간남자

날마다 외간남자를 만나며 산다
돌아오면 도마를 닦아 저녁밥 차리고
비눗물 풀어서 설거지통을 헹구면서
내간남자 앞에서 공연히 외간남자를 깎아 내리기도 한다
외간남자가 내간남자보다 열 배나 나를 경청하지만
저녁 늦게 돌아올 때는
사자 굴을 지나온 새끼 사슴처럼 묶고 조이고 정신 바짝 차리기
넓고 넓은 천지에는 외간남자들뿐
갈수록 세상은 여자들에게 외간남자를 만나라, 만나야 한다, 다그치고
그 앞에서 말을 고르고 시간을 닦아내는 동안 나는 비로소 요조숙녀가 된다

내가 오늘 만난, 내일 다시 만나야 할 아름다운 외간남자들,

깊고 무거운 향내가 가을 산 같은 이들
그대들을 나는 겨우 외간남자라고 부른다, 미안하다
다른 이름이 없을까
염치가 없다

## 돌아다보지 마


소리소리 불러도 돌아다보지 마,
벼락 맞은 불길 속에 돌기둥이 될 거야,
몸뚱이 빨래 짜서 소금기둥 될 거야

열 가운데 여덟쯤 돌아다보는 세상
나는 그런 세상을 믿기로 하였다
더운 피 흘러 숨 쉬는 모공
흰떡 같은 등허리를 청천에 진설하듯
나 여기 있소, 손을 흔드는
돌아다보는 이 세상을 살기로 했다

애가 타다 밭아서 자지러지는 소리
등 뒤에선 내 이름을 외쳐대는데
가지 뻗는 나무뿌리 구천에서 흔들리고
진창길도 일어나서 토악질을 하는데
돌아다보지 말라니,

못들은 척 가던 길만 힘차게 달리라니
우리는 지금까지 헛것을 배워
말이 아닌 소리로 귀가 먹는다

걱정이다
돌기둥 소금기둥이 알아보게 줄었다

# 눈을 흘겼다

치맛자락 펄럭거리며 몰려다니지 마라,
실없이 시시덕거리지 마라
동네 총각들 기운 빠질라
어른들은 일을 삼아 지청구를 하였다
계집애로 태어난 게 보통 죄가 아니었다
아무개와 아무개가 눈이 맞았다네,
오다가다 만나서 눈이 맞아 산다네,
사내와 눈만 마주치면 그 밤으로 보따리를 싸야 하는 줄 알았다
그 머시매 눈길이 스쳤다 싶으면 광어 눈깔처럼 옆으로 뜨고
웃음 띤 얼굴을 들켰다 싶으면 찢어질 듯이 눈을 흘겼다
잠시 맞았을 뿐 무효로 하자, 무효로 하자
아무 소문도 일어나지 않고
아무 사단도 벌어지지 않았다
온 세상이 돌아앉아 허망하였다

# 메뉴판


우루루 몰려가긴 했어도 식성은 제 각각이었다
한 사람은 구이를, 한 사람은 탕을 시키는 사이
나는 더욱 장구하게 더욱 철학적으로 메뉴판을 탐색하였다
그러나 '비빔밥'이라고 합격자를 발표하듯 터뜨리고 났을 때
사람들은 내게 실망하였고 겨우 그따위냐 싱거워하였다
발표할 때의 내 목소리가
마치 그리던 사람의 이름을 외치듯
부르짖어 함께 늙자 손짓하듯 했다면
그거야 열 번이라도 좋다, 그러나
불러서 겨우 주린 창자나 채운다고 생각하니 면목이 없다
우리들이 사랑이라고 우기는 것도 결국 그럴까
각자 주문한 것을 먹으면서도 저게 더 나았을까
그래도 이게 낫지, 잘 선택했어,

세 사람 모두 속으로는 그런 생각을 했을는지 모른다
마치 생애 최후의 끼니를 주문한 것처럼 조금씩 후회도 하고
제 눈이 안경이지, 더러는 체념하다가
결국은 어쩔 수 없는 팔자거니 가라앉을지도 모른다
어딜 가나 여럿 가운데서 하나를 고르라고 메뉴판을 내민다
그럴 때마다 나는 오래 부르지 못해 억눌린 이름처럼 비장하게 말한다
후회하지 않으려고 힘을 모아 가장 선명한 목소리로 부른다

# 용서하십시오

용서하십시오. 잊혀진 이름
한 때는 피를 찍어 푯말을 적고
죽으라면 그 자리에 죽을 수는 있어도
두고서는 절대로 돌아설 수 없는
하늘로 사무치는 바지랑대 같더니
염치가 없습니다, 용서하십시오
지고 가기 힘들어 내려놓고 쉬다가
현란한 질풍 속에 눈을 뜨고 졸다가
지금은 벌판에 형벌처럼 섰습니다
나 또한 진작 없는 듯이 잊혀져
어둔 골목 시궁창에 삭아 없을지라도
나 같은 것이야 괜찮습니다
쥐도 새도 모르게
애초부터 없던 듯이 가라앉고 싶은
궁벽한 나를 용서하여 주십시오
천둥 번개 벼락 속에 열두 번 죄가 될

내가 그만 촉망 중에 잊어버린 이름
용서하십시오.
잊혀진 이름

# 오리를 키운다

나 요즘 오리를 사육한다
낯선 거리에 뜨는 무지개를 찾아 나섰다가
우리는 서로의 창에 비친 청동의 하늘을 보았다
말하자면 눈이 맞은 것이다
탄천의 끝을 한없이 따라 걸으며 나는 어디서 돌아설까 망설였고
그들은 부리를 제 깃에 닦거나 목을 늘여
저녁 어스름을 마시면서 나를 곁눈질하고 있었던 것이다
39번 마을버스를 타고 전철역까지 갈 때도
지금은 '주민센터'로 변해버린 동사무소 다리를 막 지나면서
사람들을 제치고 창밖을 내다본다
나뭇잎들 떨어지고 가라앉은 개울 둔치 겨울은 아마빛
가슴은 그래도 살만한 세상 때문에 질정할 수가 없고
이제는 제법 숫자가 늘어난 거무스레한 내 오리들 무사하구나

순종하는 집새처럼 죽을힘을 다해 살고 있구나
마을버스에서 내리면
지하도 층계를 헤엄쳐
오리처럼 나도 미끄러질 수 있을는지 몰라
발가락과 발가락 사이 물갈퀴를 있는 대로 펴서
숨을 참고 내려간다
저 시끄러운 진흙탕 시궁창
내 오리들의 뜨거운 깃털 속으로

# 에스컬레이터를 탈 때면

두 발바닥을 지상에 온전히 올려놓기 그리 쉬운 일 아니다
더구나 돌아가는 톱니바퀴 위에서 몸을 세우는 일
올라가도 내려가도 거기가 거기라지만
대륙을 벗어난 비행기처럼 제법 세상을 내려다보며
날갯죽지 낮게 펴고 미끄러지면
혹시 물이끼 흔들리는 초록의 강안에 닿을지도 몰라
활주로를 흐르는 조종사가 착륙을 꾀하듯
안개 속에서 불빛을 밟아 길을 찾듯
내 속은 더러 메슥거리기도 한다
이대로 침잠할 것인가 승천할 것인가
아주 짧은 순간의 설렘
지나고 나면 결국은 아무것도 아니라고
부디 가볍게 말하지 않았으면
일층에서 이층, 삼층에서 다시 일층
에스컬레이터에서 무사히 내릴 때

터지는 환호와 갈채를 꿈꾸면서
참새를 잡으려는 사람처럼 하이힐의 뒤꿈치를 높이 쳐든다
누구 하나 내 안전한 귀환을 축하하지 않더라도
나는 언제나 착륙이 대견하다

# 오래된 눈물

밀린 청소를 하다보면 먼지들의 공평한 정착이 놀랍다
침실과 찬장과 신발장, 다용도실에 묵인 오만잡동사니
버리려든 쓰레기를 다시 뒤져서 다용도에 지친 인생을
정리한다
거기에는 가끔 소요에 눌려 쓰러진 보석도 있어
조심조심 건져 올려야 한다

세상에는 나누어 가질 수 없는 것들
근원을 헤치면 무서워지는
종착을 안다면 참을 수 없는 절망도 있지만
눅눅한 쓰레기통 그 바닥을 썩지 않게 간수해 준
간간한 눈물이 있다.
내 삶의 화려한 은둔, 가라앉은 염분이
나를 아주 타락하지 않게 지켜준 것은
얼마나 큰 위안인가
밀린 청소를 하다가 하마터면 버릴 뻔했던
내 오래된 눈물을 찾아내었다

제2부
나뭇잎은 혀를 깨물고

# 수액을 마시는 사람들

자작나무에 기대어 별을 헤는 사람들은
자작나무처럼 솟아오른 키로
서서 자리라 맹세한 후에
별에 닿는 소원 하나 이루려나 보다

고로쇠나무 수액을 마신 사람들은
고로쇠나무 시루떡 같은 손바닥
그 손바닥 포개서 제 이마에 얹고
한 오백 년 살겠노라 작정했나 보다
이루어진 소원아 영원하거라
영화의 라스트신처럼 시원하게 뚫려
두 번 다시 되풀이는 하지 말아라

 몸통에 드릴로 구멍을 내고 튜브로 심을 박아 피를 받아 마시면서
 몸에 좋아, 몸에 좋아, 만병통치 오래 살아,

오래오래 살아서 좋은 세상 볼 거야
고로쇠, 오리나무, 팽나무들
긴 겨울 죽음의 낭하를 지나서
피를 모아 피어나는 갸륵한 목숨들

산다는 건 결국 피를 마시는 건가
느닷없는 깨우침이 끔찍한 아침
이 산 저 산 헤매면서 수액을 삼킨 사람들이
점점 느리게 산신령처럼
점점 강하게 드라큘라처럼
도심의 한복판을 활보하고 있다

# 맹물

나를 물로 보는 사람이 있어 천만다행이다
나를 가끔 맹물로 보고 물봉으로 보고 물컹이로 취급하는 사람이 있어
나, 이만큼이라도 살아남았다
맹물로 본다는 것은 한 마디로 우습게 깔본다는 것이지만
그야 어떠랴 괜찮다
물로 보는 한 나는 순하게 풀려서 흐를 것이고
눅진하고 은밀한 데서 빛을 기다리는 이무기처럼
하늘에 닿을 꿈도 꿀 수 있겠지
오르다 곤두박질쳐 다시 물이 되더라도 걱정할 건 없다
나는 돌아와 저 마른 땅을 무욕의 실핏줄로 어루만지리
맹물로 적시리, 나는 지금 자랑으로 가슴이 터진다
물봉이라도 무방한 일, 흰 깃발 두 팔에 펄럭이면서
아무데서나 나를 봉헌할 것인즉,
세상은 비로소 나를 부르리

밤낮으로 나를 찾아 부리리

내 생애 소원하던 그대로 나는 넉넉하고 따뜻할 것이다

물불을 가려 편을 가를 때 나를 물이라 하니 천만 번 다행이다

# 깊은 후회

공연한 말을 했다
그런 말을 품으면 소금이 되었다가
지긋하게 쓰다듬으면 정금도 될 텐데
혼자 앓다 땀을 낼 걸 들쥐처럼 약았다
그는 긴 터널을 지나
그는 질컥이는 수렁에 잠겨
울렁대는 멀미를 삼킬 것이다
문밖에 빗방울이 실로폰처럼 떨어질 때
나도 거기 맞춰 장단이라도 칠 걸
샛바람이 은근하게 흔들리는 동안 덩달아 흔들거릴 걸
쓸개가 있는 듯이 없는 듯이 끄덕거리는
저 덩치 큰 나무들 나뭇가지들
지금은 봄도 무더기로 질주하는 길목인데
나 실없는 헛소리를 했다
얼마를 더 걸어야 하나 갈수록 어리석다

# 당신 덕분에

우리들은 헤어지며 악수를 나누었다
아주까리 잎사귀 같은 정교한 손을
희고 고른 이를 드러내면서
오래된 버릇으로 잡고 흔들었다
만날 때 그랬듯이
오래된 버릇은 얼마나 다행인가

별고 없었는지,
천금 같은 몸은 어떤지를 물었다
'염려 덕분에요'
유장한 물길처럼 흘러가면서 나는 궁구하였다
내 안녕의 근원, 그 출처와 까닭은
지금 내 손을 흔들고 있는 바로 그의 덕분이라는 생각
만나면 무심히 안부를 물었던 사람들
그 하나하나의 지극한 눈빛들
정말로 당신의 덕이구나, 당신들의 덕이구나

송곳처럼 눈을 한 곳에 박고서 줄달음치면서
줄달음치면서 넘어지지 않은 것은 당신의 덕이구나
밤의 골목에 외등이 켜지고 눈앞이 환해졌다
우리는 서둘러 서로서로 덕분임을 강조하였다
아무 걱정도 없었다
까닭 없이 울컥하였다

# 나무 한 그루

분당 사는 친구 차옥혜 시인이
유학하는 남편 따라 세월에 물을 주듯 키웠다는 나무
귀국할 때 비행기 태워 이십 년 넘게 돌봤다는 파피루스
나를 믿고 시집보냈다, 손가락만큼씩 잔뿌리 내려
'습기를 좋아해요 음지식물입니다'
사실 나는 파피루스 속내를 알지 못해도
귀히 나누어 받은 그 삶의 한 매듭
이국의 처마 밑 낯선 추위와
바람 부는 거리에 펄럭이던 추억을
함께 돌아다보듯 조심조심 들여다본다
넘치면 썩을까, 모자라면 마를까
고층아파트 흙냄새 그리운 베란다에 앉혀놓고
파고들듯 가늘게 실눈을 뜨면 사무치게 펼쳐지는 초여름 화려 강산
파피루스, 이제는 자식 낳고 내 식구가 되었지만
미안하다, 겨우 내 손에 오려고 견뎠는가, 그 많은 질

곡과 역정
 파피루스 내 딸처럼 잘 있습니다, 사돈께 문안하듯 안부 전하면
 차옥혜 씨 웃음소리에 윤기가 흐른다

# 나뭇잎은 혀를 깨물고

정말이라고, 이것 보라고 버선목 뒤집듯이
창자를 뒤집어 난장에 펼칠 수 있다면
두 눈을 감고 혀를 깨물지 않아도 되련만
땀도 말라 소금만 서걱거리고 초침이 빠르게 달려
가슴이 방망이질 할 때
진액이 밭아서 아득해지고
결국은 목숨밖에 바칠 것이 없을 때
나무들은 벼랑 끝에 두 팔을 쳐들었다
넓은 천지 한복판에 벌을 서듯이
비상처럼 품고 살던 뼈아픈 말씀
이제는 이밖에 드릴 것이 없음
가을 나뭇잎은 혀를 깨물고
저마다 한 슬픔 피를 삼킨다

# 게양대

지푸라기라도 감겨라 몸부림칠 작정이다
그러나 지금은 벌거벗은 장대, 멀쑥한 기둥이다
어느 날 정수리에 불씨를 얹어
불씨보다 뜨거운 숨을 질러서
정신없이 흔들리다 찢어질 작정이다
찢어질지언정 주저앉지 않고
삭아 내릴지언정 꺾이지는 않아
오그리면 한 줌인 내 삭신이
세월의 강풍에 무쇠보다 무겁다
지금 다시 무엇을 걸어야 하나
할 수 있는 일이면 할 작정이다
이것은 내 심지,
이것은 내 피톨,
마지막 소원이야 절규하고 싶어서
지나가는 바람이라도 붙잡고 있다
핑계 삼아 우선은 휘청거리고 있다

## 식탁을 닦으며

젖은 행주로 훔쳐내고 마른 행주로 닦아도
개운하지 않다
끈끈하게 잡아당기는 기운
이대로 갈라설 수는 없다면서
버티고 떼를 쓰는 힘 만만치가 않다
스스로 목숨을 끊은 사람들은
살아온 날들의 진기를 어찌 털어서
살아갈 날들의 비상한 기적까지 어찌 잘랐을까


밥상을 차릴 때마다 맑은 물에 행주를 빨아 식탁을 닦
으면서
마지막일지도 모르는 사랑
최후의 만찬을 생각한다
달리는 말 위에서 어쩔 수 없이 달리는 길
숙명을 생각한다
제마다 서 있는 자리에서 고개를 있는 대로 뽑아 올리면

아프게 만나는 아름다운 정점
집요한 희망

# 어머니 어떻게 할까요

'어서어서 늙고 싶다'
소원하던 어머니,
검버섯 저승꽃은 종달아 피어나고
사는 일 아득해라 가쁜 숨을 휘몰아
젊은 나이 홀로된 죄 이리 깊다 하더니
이젠 더러 가라앉아 편안하십니까
지금 나 몇 살이냐, 너무 오래 살았구나
당신이야 소원 하나 이뤘다지만
우리들은 덩달아 물정 없이 자라서
어떻게 할까요, 어머니
눈은 자꾸 흐려지고 세상 아직 낯설어
문만 열면 사막보다 아찔한 열광
정신없이 휘둘리는 세월인 걸요
꽃들이야 원래 그렇다지만
가로수도 용을 쓰는 봄날인 걸요
어머니, 어떻게 할까요

# 누구시더라

어머니가 나를 모르겠다고 한다
'누구시더라?' 애저녁에 딱 잡아뗀다
아흔세 살의 어른이 점잖지 못하게 오리발을 내민다
출석부를 읽듯이 내 동무들의 이름을 부르던
친척들 생일이며 제삿날까지 줄줄이 꿰던 총기
어머니가 나를 소 닭 보듯이 한다
혼돈의 태초처럼 아득한
캄캄한 기억의 꺾이는 회랑에서 가물가물 꺼지는 숨결
장질부사 앓으며 내 가쁜 숨 산턱을 넘을 때,
홍역으로 온몸에 맨드라미가 피었을 때,
뜨거운 이마에 손을 얹어 당신 숨이 먼저 멎고
그 염통 속까지 열꽃으로 삭아 내렸다던 어머니가
뼈 중의 뼈, 살 중의 살을 떼어주었다더니
이제 와서 다 저녁에 모르겠다면
세상 어느 누가 나를 안다 하겠으며 알려고 하겠는가
'누구시더라, 어디서 뵌듯한데 누구시더라'

갈수록 캄캄해지는 거리 낯선 세상
내가 정말 누구더라 알 수가 없다

# 서천 휴게소

서해안 고속도로 뚫리면서 서천 휴게소도 생겼다
본적을 물으면 충청남도 서천군, 잠결에도 외우지만
떠난 지, 반백년 호되게 넘어
매끄러운 도회 말에 얼굴 희게 문지르고
생판 남인 듯이 건방지게 살았다
서천 휴게소 특산품 진열장에는
칡뿌리즙, 조선된장, 그리고
저 안창 보이지 않는 심산 같은 귀퉁이
삐비꽃과 쑥버무리, 가난과 눈물과 질정 못할 울렁거림
남들이야 건성으로 화장실에 들렀다가
냄비국수 한 그릇 후루룩거리지만
염치없는 그리움에 발목이 삐어
문산면 신농리 사백 몇 번지
나 지금 얼마나 느닷없는 흉내인가
순후한 능선너머 연기처럼 스밀까
그러나 찾아가도 소용없는 곳

시절은 어영부영 삭아 버리고
산골 촌년이 출세한 셈이지
서해안 뚫리면서 서천 휴게소 생겼다
하마터면 이나마도 모를 뻔했지
길은 아무튼지 뚫고 봐야 하나보다

# 고향에서 쫓겨난 지 오래 되었다

고향에서 쫓겨난 지 오래 되었다
타관의 흙부뚜막 솥단지 걸고
처마 밑에 눈비 그어 임시의 목숨
세상살이 애초부터 그런 것이려니 했다
어머니도 기운 밭아 세상을 떠나시고
나는 이제 정말로 빈 집이 되었다
물구덩에 빠질까 돌부리에 채일까
두 눈을 내리감고 소경처럼 더듬는다
사방 천지 얼굴 구겨 웃어본대도
마주보고 흔들 손이 있을 리 없다

고향에서 쫓겨난 지 오래 되었다
내 이름을 잃은 지 오래 되었다
낯가죽 두꺼워진 지 오래 되었다
사람 노릇 못한 지 한참 오래 되었다
그래도 정 붙인 곳 돌아설 때면

삭막한 고향 하나 등 뒤에 남고
고향이 어디냐고 묻는 말씀 들으면
그렁그렁 앞길이 보이지 않아
여기가 어디더라 짧은 해가 저문다

# 그립구나, 진부한 것들

정겨운 말들은 이미 낡았다
밥이니 집이니 하는 말들이 그렇듯이
어머니의 어머니로 이어지는 산줄기
산줄기의 등성이에 깃을 치는 자식이니 고향이니
그렇고 그런 것들
물보다 진하다는 피도
다그쳐도 끝끝내 진실 하나뿐이라는 오래된 사랑도
낡을 대로 낡았다 진부하다
세상에는 해도 해도 끝이 나지 않는 것들
뼈대니 골수니 눈물이니 하는
최후의 쑥굴헝처럼
진신사리처럼
지긋지긋한 고집불통의 묵은 등걸 같은 것들이 있다
가치 있는 것들은 가치가 있다면서 자꾸만 되풀이하다가 쓰러진다
과속하는 세상에 살아 있는 게 그나마 다행인가

쓰러지지 않고 살아 있는,
그립구나, 진부한 것들
진부한 말들은 대체로 진실하다

# 내 아들이 건너는 세상

잘난 남자들이 남자를 벗어던지고 시시한 여자가 되려고 한다
여자보다 작은 계집애가 되려고 한다
계집애가 되어 입술연지 붉게 칠하면 그 몸으로 편히 살 수 있다고
여자가 되면 세상물정 몰라도 쉽다고 누가 가르치나보다
제 집에선 죽이 끓는지 밥이 끓는지 모르면서
나라를 걱정하고 민족을 건지려던 옛날의 영웅,
태평하게 거문고로 방아 찧는 소리나 내던 한심한 선비,
그들은 오래 전에 죽고 없다
먼 바다 파도와 싸워 태산 같은 물고기를 잡아,
앙상한 뼈만 싣고 돌아온 남자,
그 우렁찬 남자도 요즘 소설에는 없다
가늘고 길게 비겁해도 좋아, 오래 살아남으려고 한다
살아남는 일 중요하지 아암, 죽지는 말아야지
세상이 갈수록 잘난 남자들의 기를 죽여서,

나는 내 잘난 아들에게, 내 아들의 잘난 아들과 그 아들의 잘난 아들에게
 키 큰 쑥대밭길 숨어 걷는 법이나 가르치란 말인가
 내 아들이 건너야 할 걱정스러운 세상,
 내 아들의 청춘이 걱정스러운 세상

## 천천히 피를 다스려

앞산의 안색이 며칠 새 헬쑥하다
혹시라도 나 때문에 병이 더 깊어질까 얼른 외면하였다
만나는 사람마다 건강을 묻는다
이젠 내게 아무도 불과 같은 연애를 묻지 않는다
저들이 짜고서
울렁거리는 그 미망의 초원에서 나를 밀어내려나 보다
여름내 욕망에 뒤척이던 나무들은
아직 과거완료로 그들의 사랑을 추억하지 않고
나는 천천히 피를 다스려 미루던 꿈을 괄호 속에 묶는다
저 가을 나무들의 믿지 못할 손을 잡고
우리가 맨 처음 떠나왔던 자리로 돌아가려고 한다

제3부
흔들리며 간다

## 물구나무서서

그쪽에서 삿대질을 하면서 눈을 부라리니까
내가 죄인임이 틀림 없는가보다
나는 또 무슨 잘못을 저질렀을까
서슬 퍼렇게 몰아세울 때마다 구석에 쫓겨
이제는 벼랑 끝에 외발로 서야 한다
예삿일은 아니지
사람들은 빙 둘러서 나를 구경하고
판결을 내릴 듯이 팔짱을 끼고서 나를 어르고
하늘로 솟든지 땅으로 폭삭 꺼졌으면 좋겠다
그 자리에 선 채로 죽는 게 진실로 어렵구나
"소리부터 크게 지르고 봐야 하느니라."
"처음부터 거세게 기선을 잡아라."
"고분고분하다가는 상대방의 밥이니라."
금언집의 그 말씀을 명심하지 못하다니 잘못은 잘못이다
이제 겨우 분이 풀렸는지
돌아서는 그 사람이 고마운,

그 사람의 뒷모습이 아름다운
햇살이 마구 새는, 저 쾽한 하늘

# 걸러내는 중

올 봄에도 선암사엔 영산홍이 맑아서
살빛 들이비칠 듯이 그림자 흔들리고
'이백 년도 넘었습니다'
백년을 두 번이나 한 자리에 서 있기
비바람 안개로 희망을 씻어내기
세상과 더러는 작별한 후에
작별한 그 자리는 무념으로 채워서
해마다 다르게 피를 걸러낸
걸러낸 그 피가 이슬처럼 내린
영산홍 곁에 서서 물들다가 왔다
얼음 밑을 흐르는가 자수정의 표어들
가라앉거라, 아득해져야 한다
짚불 잦아지듯 사그라져서
떠난 자리 호젓이 남아야 한다
되디된 팥죽처럼 흐를 수는 없지
이대로 그냥 두면 막힐 것만 같아서

막히면 무슨 일을 저지를지 몰라서
녹이든지 씻든지 잘라내든지
이백 년 되었다는 영산홍 곁에
혼은 남겨 두고 껍질만 돌아왔다

# 그러나 왔는가

그러나 왔는가
와서는 나를 피어나게 하는 사람
그대 떠난 자리는 적막으로 패였겠다
꽃잎 으깨어서 뜨거운 노을처럼
껍질 벗어 밀어내기 아픈 씨앗처럼
내 가슴 과녁으로 쫓기듯이 왔겠지
자꾸만 뒤돌아다본다, 쓸쓸하겠다
그대 잃고 우는 좁은 어깨 위 쇠약한 햇살
마음 캥긴다

그러나 왔는가
한밤의 피리처럼 흔들리면서 길고 긴 터널 혼돈을 지나
바로 지금 내 앞에 서 있는 사람
땀에 젖은 머리를 눕히고 울렁이는 내 핏줄 가까이
저린 두 다리를 뻗어도 좋다
태어난 목숨에 자리를 내어주고 나를 베어내야 할지라도

베어낸 상처 소금으로 문질러 속으로 쓰라림을 울어야 할지라도
가진다는 것은 결국 짊어진다는 것
넘치거나 모자라거나
내 모를 세상 어디쯤 쉼 없이 피어나는 사람 있어
쉬 울지는 말아야겠다
소리 내어 울지 않아야겠다

# 여름 개나리 가지

저녁밥 먹고 거무레한 동네 가로수 아래를 어정거리다가
하릴없이 뻗어서 너울거리는 개나리 가지를 보았다
꿈에도 꽃나무 가지인 줄 몰랐다
그 연한 속잎을 무심히, 맹세코 무심히 따서 으꼈다
이른 봄 시린 줄 모르는 젊은 이빨로 얼음을 깨고
현기증 나는 샛노란 속을 하늘하늘 외쳤었지
이제 더는 피울 꽃이 없어서
한 여름 초록기운으로 후생이나 기약하는데
길가까지 뻗어서 너울거려도
누구 하나 눈여겨보지 않는 개나리 가지
그의 무료를 겨우 속잎이나 으깨면서 돌아다본다
새끼들 모두 키워 짝 맞추어 보내고
나 또한 모처럼 무심을 으깨는 초저녁
목숨을 있는 대로 다 털어서 이제는 허무를 말하려는가
한여름 개나리 가지
다른 무엇을 도모할 것인가
철 지난 개나리 가지

# 상수리나무 떡갈나무 쥐똥나무들

숲길에 서면 나를 헐어 바친다는 것이 무엇인가
애초의 곳으로 되돌린다는 게 무엇인가 저절로 알게 된다
제풀에 흩날리는 잎사귀들을 보면
쓰다 막힌 유서의 절정, 그 마무리를 알게 된다
떡갈나무 상수리나무 쥐똥나무들
잎이 지는 가을 나무들은 여름내 흔들던 두 팔을 내리고
바라는 것 없이 원망하는 것 없이
유순하게 은퇴를 서두른다
햇살은 금실처럼 흘러서 막혔던 물길을 트고
산맥은 산맥과, 먼 바다 물결은 물결들끼리
구름은 제풀에 맺었다가 풀리면서
우리가 떠날 때 지녀야 할 것을 일러준다
돌아설 때 돌아서서 잊어버리더라도
이런 때 부를 이름 하나는 남겨둘 걸 그랬다
상수리나무 떡갈나무 쥐똥나무처럼

회상으로 풀어내는 목이 마른 고백
숲길을 걷노라면 나는 한 마리 흰 새처럼 씻겨서
마음 가볍게 마른 잎 향기를 맡을 수 있다
상수리나무 떡갈나무 쥐똥나무들

## 강이 보여요

교각이 얽히는 갈림길의 틈새로
깃광목 여러 필이 반공중에 떠 있다
저게 강물이야
묻는 사람 아무도 없건만 혼자 대답한다
부엌 설거지통에 손을 담그고 서 있어도
내가 한사코 존귀한 것은 그 물결 때문이다
비라도 오는 날이면
다리 아래는 은하수를 깔아놓은 것처럼 휘청거리고
막힌 도랑물 같은 그 위로 차들은 별을 뭉개면서 지나간다
늘어선 차들이 꿈틀대는 모양으로 지금이 몇 시쯤인가
대략 맞출 수 있어
눈에 명태 껍데기 한 꺼풀이 덮인 것처럼
하늘이 흐리고 아득할 때도
이만하면 꽤 사치스러운 거지, 저기 강물이 흐르고 있어
어떻게든 팔자를 자랑하고 싶을 때 이렇게 말하기로 한다

'부엌에 서 있으면 강물이 보여요'
울려오는 내 목소리는 날개를 달았다
나는 아마도 꿈이 낮은가보다

# 내가 남을 울듯이

팔자가 기구한 주인공은 제 운명을 빤히 알고 있어서
제 불행 휘둘러서 남들만 울리겠지
나는 나를 위해 운 적이 없다
그들의 울음을 날마다 대신 운다
야당도 여당도 저녁마다 거품 물고 삿대질을 하는데
신통하다, 그 북새통에도 이 땅의 어린 처녀들
요원한 세계의 풀밭을 뒤집듯이 누비는 일
오늘도 몇 사람은 죽으려고 하다가 어쩔 수 없이 살고
몇 사람은 살겠다고 버둥거리다가 어쩔 수 없이 죽었다
남태평양에서는 태풍이 다시 몰려온다 하고
지구는 해마다 뜨거워지지만
사람들이 해마다 얼어붙는 일
심상치 않다
이러다가 큰 일이 터지고야 말지
떨리는 손길로 빗질을 했다
머리카락 쓸어서 밀밭처럼 눕혀도

어제보다 나는 더 낡게 가라앉아
그런 것이야 괜찮다 당연한 일 아닌가
당연한 어둠 속에
마지막인 듯이 다리를 뻗었다

내가 남을 울듯이
어디서 누군가 나를 대신 우는 밤

# 차례로 문을 잠그고

그 여자는 배롱나무 꽃잎처럼 하늘거리고
친구하기 어렵겠네,
눈치 채지 못하게 자물쇠를 채웠다
삼천리금수강산 함경도냐 제주도냐
태생이 어디냐,
똑똑한 것도 같고 건방진 것도 같다면서
덜 떨어진 것도 같고 미친 것도 같다면서
여간내기가 아냐, 상종하기 어려워
밀어내며 쇠창살을 무겁게 내렸다
얼굴을 가르고 인격을 가르고
나이를 가르고 영역을 가르고
빈부를 가리고 계급을 갈라서
우리 편이 아냐, 내 편은 더욱 아냐
두 발등에 못질하고 꿈쩍도 할 수 없이
절벽 같은 문 하나씩 닫기만 했다
나는 독 속에 갇히고, 수렁에 빠졌다

코앞이 천리라서 손을 내밀 수 없고
소원이 무엇인지 짐작하기 어려웠다
열두 개의 문만 천둥소리를 내며
벼락보다 무섭게 가로막았다
이렇게 나는 갇히었다
밑 모를 어둠 속에 길을 잃었다

## 반상회

이사 와서 일 년, 소 닭 보듯이 지내다가
그런 죄로 꼬박꼬박 벌금만 내다가
벌금이 아까워서 반상회에 나갔다
허리를 연신 굽혀 신고하는 내게
언제 이사 왔는가, 뜨내기인가 붙어 살 것인가를 물었다
남자들은 아직도 돈벌이에서 헤어나지 못한 시간,
그래도 수도권에 내 집을 장만한 지 얼마 되지 않은, 씩씩한 댁들이
함박꽃처럼 피어 참새처럼 재잘거렸다
집값을 제대로 올리려면 아파트 이름을 바꿔야 해요
왜 있잖아요 '레앙마드리드', '새로네메종', '누리지오' '아리타운'
다수결로 해요 암튼 이름은 바꿔야 하니까요
입구의 네온사인을 품위 있는 색깔로 바꿔야 해요
현관의 개패 장치를 자동으로 바꿔야 해요
집으로 돌아오는 내 귓바퀴에는

바뀌야 해요, 꾸며야 해요,

지금까지 세상은 무효로 하고 바꿔서 멋지게 꾸며야 해요

오늘은 어제의 내가 아니죠. 제 값을 받을 거예요

반상회에 가서 나도 크게 바뀌어 돌아왔다

무엇을 바꿔야 할까 비로소 눈을 뜨고

꾸며야 해요, 거울을 들여다보았다

제 값을 받아야 해요, 온 집안을 휘휘 둘러보았다

# 흔들리며 간다

발바닥에 날뛰는 수레바퀴를 달고 아까도 지금도 길바닥에 섰다
한데 묶이어 밀려가면서 걸핏하면 어디까지 가느냐고 서로 물었다
목적지도 없이 부랑하지 말라고 차표마다 확실하게 행선지가 적히고
승객들은 제가끔 졸다가 내릴 때가 되면 용케들 내렸다
함께 달려도 우리는 이미 동행자가 아니다
서로 상관할 수 없는 무서운 독립, 난만한 자유
더러는 황사가루 밀려오는 풍경에 가라앉을 듯
더러는 마스크로 입을 봉하고 무엇인가 사수할 듯
사수할 것이 있는 건 썩 좋은 일이지
그러다가 모래알처럼 바스라지고 그러다가 폭발하여 큰불이 날지라도
멀고 먼 행선지를 향하여 눈을 감고 흔들린다는 것은
대단한 일이지

중얼거렸다 나는 부질없이
모두들 어디론가 가고 있었고
선동자든 동조자든 모종의 혐의를 받으면서
나 또한 그 흔들림을 즐기고 있었다

# 내가 오늘 이상하다


돌아서서 미역을 씻을 때
뒷모습을 누가 쏘아본 게 확실하다
스멀스멀한 머리채를 자꾸만 잡아당기고
누가 나를 조롱하는 게 확실하다
오늘 아침, 확실히 이상하다
김치보시기 고춧가루를 닦아내면서 산다는 게 느닷없이 시시하고
창밖은 시절이 빨라 내 걸음이 삼백 리쯤 뒤처지는 걸 보면
단연코 내가 유치한 거지
달력에 동그라미 쏟아질 듯 요란한 별도 그려서
눈치 챌 만큼 귀띔했다는 생각
소금 곱게 빻아서 은수저를 닦고
턱이 높은 찬장에서 수정잔도 꺼내어
나는 내가 대접해야 해,
아주 공손하게, 콧날이 시큰하게

눈앞 보얗게 미역국을 떠서
당신들을 만나러 이 먼 길을 왔노라,
눈물 그렁그렁 고백을 할까 연설을 할까
쇠털같이 허구헌 날, 하필이면 오늘 아침
아무래도 내가 좀 이상하다

# 어려운 희망

해가 접시만 하다가 꽈리만 하다가 깜빡하는 사이에 없어져버렸다
읽던 책의 페이지가 바람에 넘어가듯 넘어갔다
내가 빨래를 걷고 있는 동안 저물어버렸다
빨래를 걷고 고압밥솥의 김을 빼는 동안 그렇게 되었다
나는 날마다 솟는 해만 보고 지는 해를 놓쳐버린다
시작만 있고 종결을 잃은 사람처럼 향방을 모르는 긴 터널 속처럼
해피앤드의 안락을 빼앗겨 버린
느닷없이 참 빠르게 허망한 저녁
만나자 뒤엉켜서 죽자 사자 하지 말고
헤어질 때 눈물로 헤어져야지
창자 속을 미리 보여 서두르지 말고
떠날 때 정표 하나는 남겨둬야지
내일 아침이 정말 올까 오지 않을까
희망이라 함부로 부르지만

그것 품어 간수하기 어렵구나,
두렵구나,
이제야 알겠다

# 서울 사람

'서울특별시 종로구'
본적지를 적는 친구의 손가락은 희고 가늘었다
'문산면 신농리 409번지'
돌아서서 몰래 내 손등을 쓸었다
강물이 넘실대는 철다리 지나 내 태를 묻어둔 먼 산자락
된바람에 펄럭이던 어머니의 광목치마
다짐도 맹세도 소용없구나


'좋긴 뭐가 좋아? 서울 것들 알고 보면 구정물만 들이켜'
 지금은 죽고 없는 고향 선배가 지긋하게 있거라 타일렀지만
 매정하게 떨치고 산천을 떠나왔다
'서울로 이사 가요'
 사죄하듯 이별하던 내 목소리가
 도망치는 것처럼 허둥댔을까,
 속없이 들떠서 아롱대진 않았을까,

두고 온 향내 깊이 뻗어 있는 뿌리를
열에 하나 함부로 어쩌지는 않았을까
나는 여태 혼미 속을 헤매고
희고 고운 서울 친구 가느다란 손가락을
은행나무 새로 심은 종로에서 광화문
거리 귀신 붙잡혀서 기웃거린다

# 장황한 주소

'대한민국' '아무개'라고만 해도 편지가 척척 들어온다고
우쭐대던 사람이 생각난다
내 주소는 그러나 길다
경기도 용인시 수지구 무슨 마을 아파트 몇 동 몇 호
진저리나는 잔소리처럼 주절거리는 주소
기웃거려 헤매다가 길을 잃고서
그런 사람 모른다고 되돌아간 편지
되돌아간 진실
되돌아간 사랑
되돌아간 미래

대학 다닐 때 남의 집 문간방에서 자취할 때
꺼져가는 연탄불 살리느라 정신없이 엎드려 있는 동안
그 편지도 엎드려서 돌아갔을까
핑계지, 길이 막혀 되돌아간 것은 가짜지
그런데도 나는 지루한 주소 때문에 사랑을 잃었다고 우긴다

그렇게 믿어야 체면이 설 때,
이래저래 세상이 시들해 질 때,
나를 실망했는지 작파들을 할 때,
사는 일이 고단한 것은 너절한 주소
길이 엇갈린 것은 장황한 주소 때문이라고
안부조차 캄캄한 것은 오로지 긴 주소 때문이라고

# 심학규씨에게

나 오래 전부터 당신에게 하고 싶은 말이 있다
뱉지 못한 가래처럼 가로 걸린 말이 있다, 심학규 씨
하루 세끼 때울 수가 없어서, 여물지 못한 어린 뼈 다져
목구멍 풀칠하기 감감한 주제에,
듣기만도 화려해라 공양미 삼백 석
푼수 없는 당신에게, 따지고 싶었다.
캄캄한 세상이 당장은 한스러워도
당신의 지팡이 끝에 있는 이승과 저승 죽음과 환생
멀리 있을수록 대낮 같더니
심학규 씨,
몽은사의 약속은 다만 클라이맥스를 위한 플롯일 뿐이
겠지요.

만고에 떠들썩한 효녀 청에게도 묻고 싶다.
물정 어두운 아비 혼자 떼어놓고 치마폭 뒤집어쓴 딸
걸핏하면 부모 앞에서 제 목숨이라면서 끊는 세상에,

제 두려움만 혼자 가린 어린 딸 청에게도 따질 말 있다.
너 혹시 반항하는 건 아닌가.

늙는 것은 다만 삭는 것일 뿐, 늙은이의 공로가 아니라는 말.
해가 달을 삼키듯 묶어 둘 수 없어서 흐르듯 물결을 따라온 것일 뿐,
효도하라는 그 말이 먼 마을 밤개 짖는 소리보다 우습게 들리고
정신을 차렸더라면 콩 심은 데 팥이야 났겠는가,
우리도 쓸쓸하다는 말 전하고 싶다.
어린것들 기를 때의 하늘같던 기쁨.
그것으로 계산은 이미 끝났다는 말 하고 싶다.
심학규씨, 당신들을 탓하는 지금 내 가슴은 말이 아니다.
두 눈 번히 뜨고서도 인당수로 떠밀어
사자굴로 가거라, 호랑이굴로 가거라,
못다 푼 한을 풀고 있는지

이겨야 산다고 악을 쓰고 있는지.
눈 뜨고 딸도 만나 당신은 이뤘지만
나는 아무것도 얻지 못하고 자식만 놓칠 수 있다는 생각,
무지하게 운이 좋은 당신이 부러운 시간,
정신 또록또록 뜨고 있는 지금은
어지럽고 심란한 세상의 대낮,
공양미 삼백 석에 내 자식을 사겠다고
남경 상인 뱃사람들 소리소리 외친다.

# 다시 태어나지 않으리

후생에는 무엇이 되겠느냐 그가 물었을 때
다시는 태어나지 않겠노라, 대답하였다
아무것도 되기 싫다, 한 번이면 족하다고
인생도 한 번, 죽음도 한 번,
지치도록 바친 목숨 한 번이면 됐다고 소리쳤다
그래도 그가 다시 조르기에
지금과는 만판으로 전혀 낯설게
뿌리부터 잎사귀까지 잎사귀를 흔드는 미풍의 방향까지
아주 엉뚱하게 참으로 낯설게
모르던 세상의 귀퉁이에 알아보지 못하게 태어나겠노라
나는 마치 살아온 날들이 지긋지긋한 것처럼 말했다

그러나 진실로 그럴 수 있을는지 몰라,
내 하는 짓을 가만히 가늠해보면
열 번 다시 태어나더라도 지금처럼 허덕거리면서
어리숙한 길눈으로 두리번거리면서

망설이면서 후회하면서
알 수 없는 일들에 자꾸 미안해하면서
더디게 살 것 같다
어리석게 살 것 같다
다시 태어날 까닭이 없다
그래봤자 아무 소용이 없을 것 같다

제4부
장미와 들꽃

# 여기서 그만 눈을 감기로

여기서 그만 눈을 감기로 한다
바람은 찢어진 포장을 흔들고
질정할 수 없이 헝클어지는 가슴
고운 재 다스리듯
화롯불 눌러서 잠재우기로
웅크린 누더기를 쓰다듬기로
이래도 괜찮은가 속 깊은 소리로 물으면
망설일 것 없이 끄덕이기로
모처럼 그렁그렁 젖은 얼굴로
맥없이 올려다보고 들여다보기로
등걸 같은 손등을 뒤로 감추고
오냐, 그럴 테지 그렇고말고

여기서 그만 눈을 뜨기로 한다

# 옛날의 훗날

수평선을 향해 울부짖었다
그 소리 퍼지다가 막히는 절벽에서
장대처럼 키가 솟아 돌아오려나
웅크리지 않으리, 오만한 황후처럼,
나는 주문을 걸었다
'훗날에, 소원이 이루어지면'
'이담에 커서 잘 살게 되면'
지금은 아니고, 아주 훗날에
땀내 나는 빈손 저어 미루기만 했어도
날개를 꿈꾸는 어깨 죽지가 고동쳤었다

옛날의 훗날은 언제인가
나도 모르게 지나갔는가
열어 보면 안 되는 금단의 암호
닿지 않는 별 하나에 죽을지라도
이담에 크면, 이담에 어른이 되면,

마지막 희망으로 떠 있게 하고 싶다
눈비에 몸살이 난 낙엽수처럼
떨어진 잎사귀로 발목까지 덮고
아직도 멀었다고 가로젓고 싶다

# 시래깃국을 끓이며

시래기 가닥에는 지난여름 비늘이 얼룩져있다
누군가 벗어던진, 그래도 이만하면 누더기는 아닌,
가으내 볕에 말려 버스럭거려도
절대로 부서질 껍데기는 아닌
그렇다고 실한 알맹이도 아닌
살은 시들시들 말라버리고 실핏줄만 고집스런
시래깃국을 끓인다
무심한 계절이 한바탕 몸살을 들쑤시고 떠난 들판
온갖 바람 두 눈 뜨고 지켜봤을지라도
끝끝내 그 말은 씨알처럼 파묻으리
밤새도록 의좋은 형제들처럼
나락 짐을 나르는 꿈에 시달리다가
뼛속으로 파고드는 질정 못할 아침이면
으스스 몰려드는 한기 같은 외로움을
된장 풀고 숭덩숭덩 풋고추를 썰어서
애나 어른이나 한 대접씩 안길
얼큰한 시래깃국을 푼다

# 화려한 구걸

저들이 십자가에 달리겠다고
나를 대신 죽겠다고 혀를 빼문다
간도 쓸개도 흩어버린 후
진흙바닥 쓸고 가는 발싸개가 되겠다고
팔방으로 터진 들판 비를 맞고 서서
흙바닥에 널브러진 개비름보다
하찮은 내 종이 되겠다고 한다
개코도 당치 않지, 화려한 구걸
허튼 이름에 외줄을 타는
저들의 맹세는 천태산 같은데
내다 걸 목숨은 이미 없다
생면부지 얼싸안고 얼굴을 부비면서
실성하여 네거리에 구걸하는 시늉
정치적으로도, 경제적으로도
성성한 제 정신도 어림없는 난장에서
오장육부를 갈아 낀다 해도

죽어서 허깨비가 일으킬 세상
살아도 유령처럼 짊어질 세상

# 다들 떠나고 없다

새들이 마스게임을 한다
바람의 호각소리에
'새을자(乙)'를 쓰고 '갈지자(之)'를 써서
숨 막히는 이 하늘을 더는 날지 않겠다고
고별의 쪽지를 남기려나 보다
저들도 끔찍한 그 소문을 들었겠지
소름끼치는 그 해안의 검은 기름을 목격했겠지
떠나는 이를 자꾸 붙잡는 건 몰염치한 횡포다

저들이 작년에도 왔으리라는 생각이 틀릴 수 있듯
내년에도 버릇처럼 찾아오리란
말없이 돌아서자
토를 달지 말고
사람이라고 크게 다르랴
일제히 떠나지만 않았을 뿐,
알게 모르게 많이들 떠났다

# 신발을 벗으며

신발을 꿰어 신고 허리를 펴면
입문할 세상은 낯설어지고
엎디어 다시 신발 끈을 풀 때
나보다 앞장서서 닻을 내린다
아까부터 먼 길을 따라온 달빛은
벗어놓은 신발에 혼곤히 담겨
오늘 하루 어디를 헤맨 것일까,
갈 곳 못갈 곳 헛디딘 땅의 흔적
아직도 완전히 돌아오지 못했는지
가늠할 수 없이 흔드는 저 문밖 바람소리
현관에는 늘피하게 식구들의 신발이 흩어져
걷다가 넘어지고 수 없이 벗겨진
저마다 가엾은 방패와 창들
고층에서 내다보는 고물고물한 신작로에는
아직도 걸어야 할 길이 미뤄 둔 숙제처럼 뻗어 있다
돌아서서 다시 나갈까 이대로 들어갈까
신발을 벗을 때마다 나는 망설인다

# 그래도 한 평생 은혜로웠다
— 시로 써보는 유서

새털보다 가볍게 나는 가련다
그래도 한 평생 은혜로웠다
가시덩굴 쑥굴헝이 발목을 막고,
칠흑의 뻘밭에서 헤매기도 했지만
돌아보면 정금이고 훈장이었다
상급학교 진학하는 어린애처럼 나는 지금 설렌다
씨앗이 껍질을 뚫고 싹을 틔우듯이
무거운 몸은 버리고 가련다
평생을 맹목으로 떠받들던 몸
질기고 집요한, 목숨의 껍데기
가엽고도 소중했던 육신이었다

멍텅구리처럼 호흡기로 숨을 잇지 않으마
바라노니 끝끝내 화려체로 우아하게,
날 데려오신 이의 손길을 따라
라스트 신이 아름다운 배우처럼 퇴장하련다

뜨거운 피를 담았던 가슴언저리
유정한 이에게 주고 싶은 심장 하나 남겨 두고
아름다운 산천을 바라보던 시력
빛을 사모하는 이에게 눈동자는 남겨 두고
땀 흘려 달렸던 내 자존심 두 주먹에 쥐고 가게
못다 흘린 눈물로 마른 땅 젖게 두고
못 다 부른 노래를 읊조리며 가게
사랑하며 살아가기 쉽지 않은 세상에서
그래도 마디마디 행복하였다
'잘 했다, 용하다' 칭찬받고 싶었는데
용서받지 못할 일 하나 둘이 아니다
다시 시작한다면 잘 할 수 있으련만
인생은 단 한 번 연습이 없다는 말
뼛속 깊이 후회하며 숨이 멎을 것이다

그래도 한 평생 넘치는 감격
큰절하고 떠나야 할 고마운 세상

# 너 지금 어디로 가고 있는가

지금 어디로 가는 중인가, 어디서 왔는가
뿌리까지 내보이라 할 때면
'국적 대한민국'이라고 쓴다
네 아비가 누구냐고 캐물을 때,
막다른 길에서 운명을 생각할 때,
죽고 사는 일로 바닥까지 나를 흔들어야 할 때,
'대한민국'이라고 부르짖는다
그러나 원망하고 싶을 때, 그러다가 통곡하고 싶을 때도,
더 깊이 목숨을 저주하고 싶을 때도 '대한민국'을 외친다
대한민국이라고 말할 때면 목이 자꾸 마르고
이 겨레 이 땅 풍속을 그릴 때면
텅 빈 가슴이 터질 듯 조여든다
대한민국이라는 말은 내 아픈 핏줄의 절규
대한민국이라는 말은 내 슬픈 사랑의 내력
구들장을 깔고 앉아 목울음을 삼키며
토방을 딛고 서서 은핫물을 들이키며

다시 무엇이라 부르랴,
절절한 이름, 대한민국이여,
너 지금 어디로 가고 있는가
마른 입술을 깨물며 목이 쉬게 묻고 싶다
눈을 감고 머리 숙여 돌아앉아서
조용히 내게 다시 한 번 다그친다
대한민국이여.

# 빙닝스 지나
— 실크로드

난죠우에서 다시 빙닝스로 가는 길
사람 사는 동네는 그게 결국 그거다
웃통 벗는 남자들은 도리깨질을 하고
아내들은 끄덕끄덕 키질을 하는 동안
황하는 지칠 줄 몰라 나그네를 따라온다

붉은 산 그림자는 강물 위에 가로 눕고
바람은 저 산의 흙을 날리다
계절풍 어지러운 대륙을 질러
상서로운 연기 밀짚 위에 흩어진다
날씨는 맑다는데 눈앞은 흐리다
올해 농사가 섭섭하진 않은가
염소 떼를 몰고 가는 처녀아이들
산모퉁이 돌아가는 저녁 어스름
여기가 어디냐고 묻기만도 바쁘다
빙닝스 지나 샤허로 가는 길

# 샤허에서

— 실크로드


누더기로 감발을 하고 한뎃잠을 자도
죽으면 썩어질 몸 아까울 것 없고
죽어 누우나 살아 숨 쉬나 다를 것이 없어서
맨땅 위에 엎드려 업장을 빌면
막혔던 하늘 문이 절로 열리는가
세상은 그다지 매정하지 않고
목구멍은 포도청도 웬수도 아니어
어제 지은 죄를 오늘도 다시 짓고
돌 모서리에 시퍼런 이마를 찧어
날마다 같은 소원을 마니챠에 돌린다
오백 번, 오천 번, 일만 오천 번
눈은 까막눈이라도 경 하나는 잘 읽는다
밥을 먹듯이
잠을 자듯이
뒤를 보듯이
세상사는 일 같은 건
아무 것도 아니다

## 화려한 노숙
— 실크로드

큰 바다에 몸 던지듯
사막 행 결심을 털어놓았을 때
미쳤느냐 그 나이에, 말려도 쌓더니
열 번 백 번 잘한 일이지
'별 헤며 스르르 눈을 감았어'
실크로드 이름 없는 모래밭 하룻밤을
입만 열면 화려하게 나발을 불기
벼슬한 듯 여름 내 쓸쓸치 않다

낯선 풍속에도 눈 하나는 살아서
새기듯 담으면 담을수록 허기지고
가도 가도 밀리는 아득한 지평선이
한 알갱이 모래로 나를 파묻었었다
바람 한 켜 지나가면 산 하나가 일어서고
가던 길 후회하고 되짚어 돌아오면
나는 벌써 세상 밖에 쫓겨나 있다

그래도 풀들은 있는 대고 목을 빼고
'나는 풀'
'나도 풀'
마른하늘 뚫을 듯이 약이 올라 있었다
한 열흘 수염 기른 꺼칠한 남자
그래도 살결은 매끈한 남자

# 머물 수 없는 사람들

백만 년, 아니 천만 년 동안
그게 짧은 순간이라면 수억 년 동안
여기는 파도가 몰아붙인 뻘밭이었을 게다
바람이 옮겨간 바위산이었다가 다시 되돌린 바다였다가
그렇지 않고서야 이럴 수가 없지
누른 절벽이 켜켜 시루떡 같은 지층을 이루고
성근 수염 같은 푸나무를 꽂아 키워
그런 북새통에 콩 넝쿨은 뻗었구나
옥수수도 제 키를 파묻히게 뽑아 올렸구나
황량한 돌산 모래 구멍을 헤집고
오늘은 어디론가 가고 싶은 사람들이
엎드려 내일로 통하는 길을 닦는다
이 세상 어디로든 떠나고 싶은 사람들이
여기도 저기도 거기도 아닌
이 세상 어디에도 머물 수 없는 사람들이

# 느끼는 병

그까짓 고뿔은 병이 아니라고,
오뉴월감기는 개도 안 걸린다고,
나는 언제나 거대한 힘을 연습하다가 하찮은 것에 무릎을 꿇는다.

그까짓 것에 억눌려서 엄청난 것을 버리고, 그까짓 것에 파묻혀서 길을 잃는다.
내가 깔보는 그까짓 것들의 세상, 내가 무심했던 그까짓 것들의 가공할 힘.
콧물에 얼룩진 얼굴로
오뉴월 감기에 허덕이면서 나는 비로소 내가 얼마나 오만한 짐승이었는지,
알 것 같다.
이왕에 찾아온 손님을 느긋하게 접대하기로 하였다.
기운을 느끼고 바람을 느끼고 판세를 느껴
올바로 느낀 자로서 한 사흘 편안히 누워 공부하기로 하였다.

# 다시 무인도에서

누더기로 감발을 하고 한뎃잠을 자도
죽으면 썩어질 몸 아까울 것 없고
죽어 누우나 살아 숨 쉬나 다를 것이 없어서
맨땅 위에 엎드려 업장을 빌면
막혔던 하늘 문이 절로 열리는가
세상은 그다지 매정하지 않고
목구멍은 포도청도 웬수도 아니어
어제 지은 죄를 오늘도 다시 짓고
돌 모서리에 시퍼런 이마를 찧어
날마다 같은 소원을 마니챠에 돌린다
오백 번, 오천 번, 일만 오천 번
눈을 까막눈이라도 경 하나는 잘 읽는다
밥을 먹듯이
잠을 자듯이
뒤를 보듯이
세상사는 일 같은 건
아무 것도 아니다

# 화려한 노숙
— 실크로드


나는 그 땅이 무인도인 줄도 몰랐다
애초부터 길들여온 적막인 줄 알았다
부싯돌 문질러 꽃불을 켜면
푸르게 화답하는 도깨비불들
나는 나의 왕이며 신하이며 종
나는 내 법이고 내가 내린 벌
고즈넉함이 부풀어 허공 가득 만발했다

돌아오던 날 사람들은 십 년만의 귀환을 환호했지만
나는 알고 있었다
그 번쩍거리는 현기증이 어찌 영원까지 가겠는가
어느 푸른 어스름에 다시 땅속 깊이 가라앉아
나 하나 없어지건 말건 탈 없이 돌아갈 세상
바로 여기가 무인도라고
잊었던 낱말들을 주워 진주처럼 꿴다
주문을 외우듯 생각을 엮는다

내 살아갈 오직 하나 열쇠, 암호니까
다시는 길을 잃지 않을 것이다

## 장미와 들꽃


 그 앞에서 무릎을 꺾은 것은 내가 겨우 들꽃이었기 때문이다
 빈 벌의 바람에 산발한 머리카락 쓰다듬는 갈퀴손
 지나가는 사람들이 지나가는 말처럼
 '장미보다 은은한 들꽃이 좋아'
 나는 물론 믿지 않았다

 콧대를 흔들며 얼굴을 젖힌 것은 내가 이젠 장미이기 때문이다
 뽑히었음을, 뽑혀서 세워졌음을 금빛 종 흔들어 일으키고 싶었다
 사람들은 아직도 지치지 않고
 '장미도 지네요, 목숨의 끝은 삭막하군요'
 나는 물론 기죽지 않았다

 하늘을 찌르던 어제가 그리울 때,

이 무슨 밀물 같은 노여움인가
들꽃이거나 장미거나 서 있음으로 끝이 아님을
장미의 자존심으로
들꽃의 고집으로
그들의 뒤뜰은 따로 남아 있음을
목숨 바쳐 피어나기 위하여
아니, 찬란하게 지기 위하여
빈손으로 엎드려야 하거늘
눈물로 발돋움해야 하거늘

# 날씨 예감

올 겨울은 푸근해서 눈이 많을 것이고
눈이 많으면 보리농사는 대풍이 될 거란다
보리농사 같은 거야 아무런들 어떠냐고
주림도 오래 묵은 그리움이 되었는지
계절풍도 의젓한 주인공처럼 입장하지 못해
엘리뇨, 라니뇨 엇갈리는 외국어로
치렁치렁한 옷자락 신작로를 휩쓸고
나 이럴 때 은둔할까 칩거할까
삼한사온도 없어진 달력을 넘기면서
진흙 같은 안개 속을 더듬고 있다
사계절이 은둔이요 칩거였음을
내 한 평생 이름 없는 조역이었음을
잘라서 묻은 듯이 잊어버리고
다 썩었음
나 혼자 싱싱함
누워 있던 좌판에서 금방이라도

바다로 돌아갈 듯 날뛰고 있다
일기예보가 설령 엉망으로 뒤집힐지라도
지금은 틀림없는 폭설의 한 가운데
대관령 버스길이 보릿고개보다
무섭고 험할 듯 하늘이 바짝 내려앉았다

■해설

# 성찰적 생의 자세와 순응하는 겸손

이지엽(시인·경기대 교수)

## 1. 정신 추구의 깊은 울림

이향아 시인의 작품에서는 시적 대상을 궁극적으로 파고드는 사유의 힘이 느껴진다. 시적 대상을 감각적으로 받아들이려는 자세가 아니라 대상의 본질을 해부하고 분석하면서 이를 시적 상상력으로 재구성하면서 생의 질문을 구체화하려는 성찰적 자세가 강렬하게 시적 분위기를 이끌어가고 있다. 이 사유의 방식은 물질보다는 정신주의를 추구하고 있다. 산뜻한 느낌을 주는 묘사 중심의 시는 울림이 동반되지 않기 때문에 시적 감동은 약화되기 마련인 법이다. 이에 반해 이 시인의 작품은 전반적으로 편편이 가지고 있는 정신 영역의 기저에 닿아 있어 중후하면서도 깊은 울림을 동반하고 있다. 이 점이 이향아 시인의 가장 큰 장점이다.

밀린 청소를 하다보면 먼지들의 공평한 정착이 놀랍다
침실과 찬장과 신발장, 다용도실에 묵인 오만잡동사니
버리려든 쓰레기를 다시 뒤져서 다용도에 지친 인생을 정리한다
거기에는 가끔 소요에 눌려 쓰러진 보석도 있어
조심조심 건져 올려야 한다

세상에는 나누어 가질 수 없는 것들
근원을 헤치면 무서워지는
종착을 안다면 참을 수 없는 절망도 있지만
눅눅한 쓰레기통 그 바닥을 썩지 않게 간수해 준
간간한 눈물이 있다.
내 삶의 화려한 은둔, 가라앉은 염분이
나를 아주 타락하지 않게 지켜준 것은
얼마나 큰 위안인가
밀린 청소를 하다가 하마터면 버릴 뻔했던
내 오래된 눈물을 찾아내었다

―「오래된 눈물」 전문

「오래된 눈물」은 청소를 하다가 발견한 소회를 적고 있다. 시인은 우선 오랜만에 청소를 하면서 거기에 골고루 눌러 앉은 먼지들에 놀란다. 구석까지 아주 일정한 두께로 쌓인 먼지들은 감춰진 비밀처럼 조심스럽게 다루지 않으면 일시에 모든 것들을 엉망으로 만들어 놓는다. 조심스레 하나씩 들추어가면서 시인은 거기서 "오래된 눈물"을 찾아낸

다. "오래된 눈물"이라니! 그러나 먼지가 푸석하게 쌓인 곳에 눈물이 있을 리 없지 않은가. 시인은 이 "눈물"을 "눅눅한 쓰레기통 그 바닥을 썩지 않게 간수해 준 간간한"것이라 말하고 있다. 그러니 이 "눈물"은 '눈물'이면서 동시에 '눈물' 너머의 것이라 할 수 있다. 하나의 상징으로 시인은 '눈물'을 말하고 있는 것이다. 그것은 "내 삶의 화려한 은둔"이며 "가라앉은 염분"이자, "아주 타락하지 않게 지켜준"것이며 "큰 위안"을 주는 존재이다. 마치 '소금'과도 같은 존재를 시인은 얘기하고 있는 것이다. 모든 부패로부터 건져내주는 '소금'은 '빛'과는 달리 자신을 드러내지 않는다. 은일하면서도 타락하지 않게 우리를 추스르는 존재이다. 드러나지 않으면서도 우리를 이끌어가는 힘을 시인은 얘기하고 있는 것이다.

작품 「어려운 희망」에도 '지는 해'를 통해 이점이 잘 드러나고 있다. 시인은 우선 우리들이 생리적으로 그럴 수밖에 없는 상황을 핀셋처럼 건져 올린다. 이를테면 그것은 "날마다 솟는 해만 보고 지는 해를 놓쳐버린다"는 것이다. 무심하게 넘기는 일상사의 한 대목에 시인은 의문부호를 던지고 있는 셈이다. 이 질문은 아주 당연한 것 같이 보이지만 관심을 두지 않으면 전혀 시적 대상이 될 수 없는 부분이다. 시인은 이 질문을 통해 "헤어질 때 눈물로 헤어져야지/창자 속을 미리 보여 서두르지 말고/떠날 때 정표 하나는 남겨둬야지"라고 말한다. 여기까지만 보자면 시속에 드러내고자하는 이야기가 빤해 보인다. 그래, 늘 끝이 중요한 거야, 사람들은 모름지기 끝을 잘 맺어야해, 이렇게 타이르는 듯한 분위기여서 고답적으로 다가온다. 그러나 미안스럽게도 시인의 의도는 이곳이 있지 않다. 시인은 "내일 아침이 정말 올까 오지 않을까/희망이라 함부로 부르지만"이라고 말하고 있기 때문이다. 헤어질 때의 마지막 자세에 촛점이 있는 것이 아니고 실은 모든 것의 시작에 대해 근신해야함을 강조하고 있는 것이다. 시작에 대해 함부로 얘기하지마라, 시작이 바르다면 끝도 흐지부지 되는 것은 아니다, 이런 의미로 다가 오는데 이것은 어디까지나 필자의 생각일 뿐 담겨 있는 의미는 중층적으로 다가온다. 제목 「어려운 희망」과 연관시켜 살펴보면 다른 해석도 가능하기 때문이다. 다의적으로 해석되는 시는 그래서 폭이 넓고 깊다. 이 시인이 작품에서 보여주는 깊이의 묘미는 바로 이점에서 연유하고 있다.

> 젖은 행주로 훔쳐내고 마른 행주로 닦아도
> 개운하지 않다
> 끈끈하게 잡아당기는 기운
> 이대로 갈라설 수는 없다면서
> 버티고 떼를 쓰는 힘 만만치가 않다
> 스스로 목숨을 끊은 사람들은

살아온 날들의 진기를 어찌 털어서
살아갈 날들의 비상한 기적까지 어찌 잘랐을까

밥상을 차릴 때마다 맑은 물에 행주를 빨아 식탁을 닦으면서
마지막일지도 모르는 사랑
최후의 만찬을 생각한다
달리는 말 위에서 어쩔 수 없이 달리는 길
숙명을 생각한다
제마다 서 있는 자리에서 고개를 있는 대로 뽑아 올리면
아프게 만나는 아름다운 정점
집요한 희망

―「식탁을 닦으며」 전문

　인용 작품에서 시인의 사유는 작고 미세한 잉크 방울을 물 위에 떨어뜨리는 것처럼 번져나간다. 행주로 식탁을 닦는다는 가벼운 일상이 잉크가 처음에는 주변으로 오밀조밀하게 번져나가듯 "끈끈하게 잡아당기는" 개운치 않은 기운의 분위기를 세세하게 짚어나간다. 잉크의 미세한 선들이 지워질 즈음 이 그물망의 사유들은 "스스로 목숨을 끊은 사람들"로 확장되고 "마지막일지도 모르는 사랑/최후의 만찬"에까지 그 의미를 넓혀나간다. 그래서 그 의미들은 "숙명"이라는 철학적 사유와 "집요한 희망"의 정신세계로 나타난다. 이것은 언뜻 보기에 관념으로 보이지만 허상이 아니라 실체를 가진 존재다. 실체를 가진 존재는 공허하지 않

다. 이를테면 생존의 가장 현실적인 부분에서 시인은 인간 보편의 죽음과 운명의 정신세계를 이 작품은 성찰적 자세를 통해 담담히 들려주고 있는 것이다.

이런 상황은 「냉수를 마시며」에서도 "냉수"와 "오줌"을 연결시키면서 "넘치는 구정물과 허접 쓰레기 쫓겨나는 것들의 뒤를 따라서", " 무지개" 등의 꿈을 꾸는 보헤미안으로 나타난다. 「오리를 키운다」는 "오리"는 도시 공간 속에서 만나게 되는 군상들을 상징하고 있다. 시인이 굳이 "오리"로 이를 설정한 이유는 현실에 대한 시니컬한 공간(진흙탕 시궁창)과 "죽을힘을 다해 살고"있는 순종의 자세를(발가락과 발가락 사이 물갈퀴를 있는 대로 펴서) 사실적으로 그려내고자 하는 의도에서 일 것이다. 이 성찰적 자세의 작품들은 더 이상 참아야할 진지함이 없는 시적 대상을 만나면 더러 비판적이고 풍자적인 속내를 드러내기도 한다.

몸통에 드릴로 구멍을 내고 튜브로 심을 박아 피를 받아 마시면서
몸에 좋아, 몸에 좋아, 만병통치 오래 살아,
오래오래 살아서 좋은 세상 볼 거야
고로쇠, 오리나무, 팽나무들
긴 겨울 죽음의 낭하를 지나서
피를 모아 피어나는 갸륵한 목숨들

산다는 건 결국 피를 마시는 건가

느닷없는 깨우침이 끔찍한 아침
이 산 저 산 헤매면서 수액을 삼킨 사람들이
점점 느리게 산신령처럼
점점 강하게 드라큘라처럼
도심의 한복판을 활보하고 있다
                —「수액을 마시는 사람들」부분


집값을 제대로 올리려면 아파트 이름을 바꿔야 해요
왜 있잖아요 '레앙마드리드', '새로네메종', '누리지오' '아리타운'
다수결로 해요 암튼 이름은 바꿔야 하니까요
입구의 네온사인을 품위 있는 색깔로 바꿔야 해요
현관의 개폐 장치를 자동으로 바꿔야 해요
집으로 돌아오는 내 귓바퀴에는
바꿔야 해요, 꾸며야 해요,
지금까지 세상은 무효로 하고 바꿔서 멋지게 꾸며야 해요
오늘은 어제의 내가 아니죠. 제 값을 받을 거예요
반상회에 가서 나도 크게 바뀌어 돌아왔다
무엇을 바꿔야 할까 비로소 눈을 뜨고
꾸며야 해요, 거울을 들여다보았다
제 값을 받아야 해요, 온 집안을 휘휘 둘러보았다
                —「반상회」부분


저들이 십자가에 달리겠다고
나를 대신 죽겠다고 혀를 빼문다
간도 쓸개도 흩어버린 후

진흙바닥 쓸고 가는 발싸개가 되겠다고
팔방으로 터진 들판 비를 맞고 서서
흙바닥에 널브러진 개비름보다
하찮은 내 종이 되겠다고 한다

—「화려한 구걸」 부분

「수액을 마시는 사람들」이라는 작품은 인간의 욕망을 비판하고 있다. 나무에 드릴로 구멍을 내고 튜브로 심을 받아 나무의 수액을 마시는 일은 인간이 자신의 보신을 위해 거의 죄책감이 없이 저지르는 행악 중의 하나일 것이다. "산다는 건 결국 피를 마시는 건가" 시인이 자문하는 "느닷없는 깨우침"이 아프게 다가온다.

「반상회」에서는 아파트 주민들의 자기 이기주의와 물신주의가 아주 실감나게 그려지고 있다. "이사 와서 일 년, 소 닭 보듯이 지내"는 아파트는 극도의 개인주의 산물이 된 지 오래되었다. 여기에 부동산 투기바람이 겹치면서 아파트 가격은 부의 바로미터가 되었고 담합해서 가격을 올리려는 노력이 반상회와 부녀회를 통해 공공연히 일어나고 있다. 이런 상황을 목도하고 집에 돌아와서 거울을 들여다보는 시인의 황황한 자화상을 통해 시대에 적응하지 못하는 쓸쓸함이 손에 잡힐 듯 구체적으로 다가온다.

「화려한 구걸」에서는 길거리에서 흔히 보게 되는 전도 행위를 비판하고 있다. 극도로 자신만을 챙기는 현실에서

"진흙바닥 쓸고 가는 발싸개"가 당키나 한 일인가. "개코도 당치 않지"라는 조소적인 비아냥거림은 언제나 현실과 동떨어진 먼 곳의 이상만을 추구하는 종교의 이상주의에 대한 비판일 수도 있고, "흙바닥에 널브러진 개비름"처럼 타락한 현실에 대한 비판일 수 있다. 지나친 양극단으로 치달아가는 부조화의 상황 속에서 시인의 자조적인 읊조림이 결코 적지 않은 반향을 불러일으킨다.

## 2. 순응하는 겸손

또한 이향아 시인의 작품에는 시대에 순응하는 겸손함이 바탕을 이루고 있다. 서정시의 가장 큰 장르적 특성인 동일화의 미학이 지배하고 있다. 「쓸 수 없는 말」에는,

> 나는 어느새 장래니 포부니 희망이라는 말을 할 때
> 사람들의 눈치를 보게 되었다
> 누가 뭐라 할까봐 호지부지 말끝을 흐리게 되었다
> 한 때는 장래에 목숨을 걸었고, 한 때는 기세 좋게 꿈을 뿌렸다
>
> 나는 이제 '몸이 가루가 되어도'라는 말을 할 수가 없다
> 삭신이 어긋나게 수십 년 부리던 몸,
> 나는 어느새 '몸을 팔아서라도'라는 말을 할 수가 없다
> 어물전 채소전 좌판들은 동이 나고

팔고자 내놓을 물건도 변변찮다

　　　　　　　　　　　　　　—「쓸 수 없는 말」 부분


　거슬러 오르는 힘의 미학을 추구하지 않는 것은 나이가 들어간다는 점에서 그렇다고 할 수도 있겠지만 "몸"이 건네는 말을 순순히 따르는 순응의 자세가 굴종의 삶으로 보이지 않는 것은 몸 낮춤의 겸손에서 비롯되고 있는 점에서이다. 언뜻 호기를 부리고, 없는 객기도 부리면서 사는 세상인데 이향아 시인의 시에는 전혀 이러한 감정의 굴곡이 보이지 않는다. 욕심도 없다. 말 한마디를 잘못한 것을 가지고도 깊은 후회를 하는 시인이다.

공연한 말을 했다
그런 말을 품으면 소금이 되었다가
지긋하게 쓰다듬으면 정금도 될 텐데
혼자 앓다 땀을 낼 걸 들쥐처럼 약았다

　　　　　　　　　　　　　　—「깊은 후회」 부분


　섬세하고 작은 일에도 마음을 쓴다. 남에게 말하는 것보다 혼자 가슴으로 삭힌다. 그러기에 사소한 악수 하나를 나누면서도 "내 안녕의 근원, 그 출처와 까닭은/지금 내 손을 흔들고 있는 바로 그의 덕분이라는 생각"을 한다. "만나면 무심히 안부를 물었던 사람들/그 하나하나의 지극한 눈빛들" 하나에도 "정말로 당신의 덕이구나, 당신들의 덕이 구나"를 진실로 느끼면서 깜깜한 밤길에 외등이 켜지는 환함과 감사함을 가지는 시인이다.(「당신 덕분에」) 그래서 시인은 밤과 어둠을 친근한 이웃처럼 생각하며 "휘청대던 시간을 감추고 뻗은 발아래 출렁대는 푸른 바다 같은 슬픔"도 닫고 "덧없는 열정과 후회 승산 없는 욕망"도 내려놓는다. (「익숙한 밤」) "못들은 척 가던 길만 힘차게 달리"지 않고 가끔씩 "열 가운데 여덟쯤 돌아다보는 세상"을 믿는다. 그래서 오히려 "돌기둥 소금기둥이 알아보게 줄었"음을 걱정하기도 한다.(「돌아다보지 마」)

낮아진다는 것은 자신의 오기와 자만심을 내려놓고 자기의 잘못에 대해 용서를 구하는 일일 것이다. 그러기에 시인은 한때 자신에게 "한 때는 피를 찍어 푯말을 적고 죽으라면 그 자리에 죽을 수는 있어도 두고서는 절대로 돌아설 수 없는 하늘로 사무치는 바지랑대"같은 꼿꼿함을 내려놓고 "벌판에 형벌처럼" 빈 몸으로 용서를 구하고 있다. 시의 내용만 보자면 "촉망 중에 잊어버린 이름"이지만 단순히 이름만을 얘기하는 것은 아닐 것이다. (「용서하십시오」)

이러한 시인의 낮아지는 자세는 어디에서 연유하고 있는 것일까. 시인이 오랜 교수 생활을 했고, 학생들을 가르쳐 왔기 때문에 그럴 수도 있으리라. 그러나 그런 이들 가운데 적지 않은 이들이 자만심을 가지고 있다. 유협의 『문심조룡』에서 "논論"을 설명한 부분에서 나뭇결과는 상관없이 자신의 도끼만을 무기로 역행하는 아집을 대부분 가지고 있기 때문이다. 그러나 현자는 안다. 그것이 자신의 실력과 이론의 도끼날만을 믿고 자만에 빠지고 있다는 것을. 시인은 늘 이점을 경계하고 낮은 곳으로 가고자 한다.

> 해마다 다르게 피를 걸러낸
> 걸러낸 그 피가 이슬처럼 내린
> 영산홍 곁에 서서 물들다가 왔다
> 얼음 밑을 흐르는가 자수정의 표어들
> 가라앉거라, 아득해져야 한다
> 짚불 잦아지듯 사그라져서
> 떠난 자리 호젓이 남아야 한다
> 되디된 팥죽처럼 흐를 수는 없지
> 이대로 그냥 두면 막힐 것만 같아서
> 막히면 무슨 일을 저지를지 몰라서
> 녹이든지 씻든지 잘라내든지
> 이백 년 되었다는 영산홍 곁에
> 혼은 남겨 두고 껍질만 돌아왔다
>
> ―「걸러내는 중」 전문

시인이 선암사의 영산홍을 바라보면서 적은 이 시편에서는 시인이 추구하고 있는 것이 무엇인지를 담담하게 형상화하고 있다. 영산홍의 붉은 꽃잎을 "해마다 다르게 피를 걸러낸/걸러낸 그 피가 이슬처럼 내린"것으로 보는 시인의 눈에는 현시적인 공간에서만 단말마적으로 사물을 보지 않는 기품氣稟이 느껴진다. 그 격조는 뜨겁게 다가오는 것이 아니라 오히려 "얼음 밑을 흐르는" 차가운 정수로 시인에게 다가온다. 늘 낮은 곳에 앉으려 해도 높은 것과 그럴싸함을 강요하는 현실에서 시인은 "가라앉거라, 아득해져야 한다"라는 말을 수도 없이 되뇌었을 것이다.

> 세상에는 해도 해도 끝이 나지 않는 것들
> 뼈대니 골수니 눈물이니 하는
> 최후의 쑥굴헝처럼
> 진신사리처럼
> 지긋지긋한 고집불통의 묵은 등걸 같은 것들이 있다
> 가치 있는 것들은 가치가 있다면서 자꾸만 되풀이하다가 쓰러진다
> 과속하는 세상에 살아 있는 게 그나마 다행인가
> 쓰러지지 않고 살아 있는,
> 그립구나, 진부한 것들
> 진부한 말들은 대체로 진실하다
> ―「그립구나, 진부한 것들」부분

시인은 "정겨운 말들은 이미 낡았다"라고 말한다. "밥이니 집이니 하는 말들이 그렇듯이 "어머니"나 "자식"이나 "고향" 같은 단어들이 낡을 대로 낡아 진부하다고 말한다.

그러나 이것처럼 중요한 것이 어디 있는가. 진부한 말들 안에 진실이 숨어 있음을 주목한다. 어떤 거대한 것보다 평범한 것에 진실은 소리 내지 않고 존재하는 법이다. 순응하는 겸손의 자세를 가질 때라야만 그것들의 존재 의미를, 진정한 가치를 알게 된다.

　이 작품론을 쓰는 도중 해남에서 열리는 고산문학 축전 행사를 치루고 왔다. 200명이 넘는 시인들과 함께한 축제 자리였는데, 어느 때보다 마음이 편했다. 생각해보니 행사를 주관하는 대표의 자리가 아니라 먼 길을 함께 해준 시인들을 섬기는 자리라는 것이 늘 내 마음 속을 떠나지 않았기 때문이다. 행사가 끝나고 다들 기분 좋은 모습으로 후일담을 나누니 피곤함도 훨씬 덜다. 이 모두가 이향아 시인의 작품을 읽으면서 마음이 차분해진 까닭이 아닐까. "가라앉거라, 아득해져야 한다" "진부한 말들은 진실하다" 이 말들에 이 시집 한 권의 의미가 다 녹아 있다. 우리가 애써 도달하고자하는 모든 거대한 좌표들도, 욕망의 부표들과 희망의 기제들도, 실은 이 말 안에 담긴 뜻을 뛰어넘을 수 없다는 생각을 하게 되었다.

**이향아**

충남 서천 출생하여 전북 군산에서 성장하였다. 〈현대문학〉지의 3회 추천을 받아 문단에 오른 후 『흐름』 등 시집 16권을 내었다. 경희대학교 졸업, 경희대학교 대학원에서 문학박사 학위를 받았다. 호남대학교 명예 교수. (poetry202@hanmail.net)

---

열린시학 기획시선 8

## 물푸레나무 혹은 너도밤나무

초판 1쇄 인쇄일 · 2009년 10월 28일
초판 1쇄 발행일 · 2009년 11월 05일

지은이 | 이향아
펴낸이 | 노정자 · 정일근
펴낸곳 | 도서출판 고요아침
편  집 | 김남규

출판 등록 2002년 8월 1일 제 1-3094호
120-814 서울시 서대문구 북가좌동 328-2 동화빌라 101호
전화 | 302-3194~5, 3144
팩스 | 302-3198
E-mail | goyoachim@hanmail.net

ISBN 978-89-6039-230-4(04810)

*책 가격은 뒤표지에 표시되어 있습니다.
*지은이와 협의에 의해 인지는 생략합니다.
*잘못된 책은 교환해 드립니다.

ⓒ 이향아, 2009